"반가운 책. 아이들뿐 아니라, 아이들을 도와 악순환을 끝낼 수 있도록
교육자, 부모, 아이들을 돌보는 모든 어른에게 꼭 필요한 책."
– 바바라 콜로로소, 베스트셀러 ≪따돌리는 아이, 따돌림당하는 아이, 지켜보는 아이≫의 저자

"**〈참 이상하다〉** 시리즈의 멋진 책들은, 어린이들이 따돌림에 대해 깊이 생각하고
따돌림을 막을 수 있도록 사회적 기술을 길러 주는 훌륭한 자료들이다."
– 트루디 루트비히, 어린이 운동가이자 베스트셀러 ≪따돌렸던 아이의 고백≫의 저자

"아이들이 실제로 겪을 법한 문제를 잘 묘사하였고, 각 권의 주인공은 믿을 만한
해결 방법을 찾아가고 있다. 이 시리즈는 모든 학교 도서관에 비치될 법하다."
– 커쿠스 www.kirkusreviews.com

"이 책들은 낱권으로도 좋지만, 함께 활용하면 훨씬 효과적인 시리즈다.
등장인물들의 감정과 그들에게 영향을 주는 외부 사건들에 대해 다양한 관점으로 볼 수 있기 때문이다."
– 스쿨라이브러리 저널 www.slj.com

"아이들의 토론을 이끌어 내는 책."
– 북리스트 www.booklistonline.com

"이 책은 소설과 실용서의 합이라고 할 만큼 앞부분의 소설은
아이들이 감각으로 이해하기 충분하고, 뒷부분의 지침은 아이들에게
이성적인 판단을 주기 충분하다. 최근 학교 폭력이 더욱 교묘해져서
아이들이 티 나지 않게 괴롭힘당하는 경우가 많은데, 우리 아이를 보다
행복하게 양육시키고자 한다면 이 책을 읽고 난 후, 꼭 실행해 보았으면 한다."
– 푸른나무 청예단 www.jikim.net

**참 이상하다** 시리즈 ❷

# 내가 어떻게!

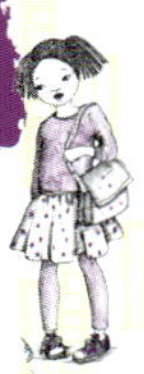

글 에린 프랭클
그림 파울라 히피
번역 양승현

도서출판 키움

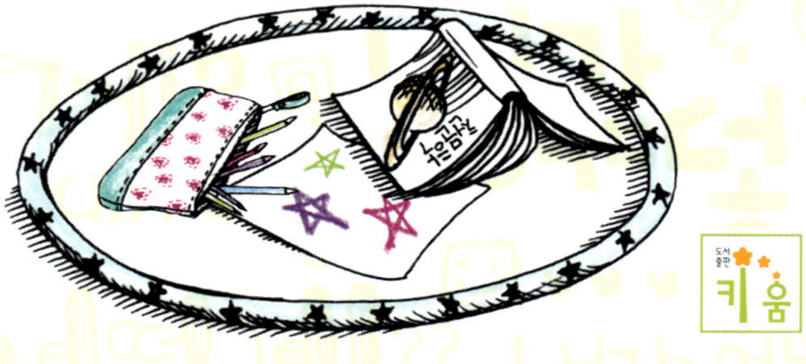

참 이상하다 시리즈 ❷ **내가 어떻게!**

**글** 에린 프랭클 | **그림** 파울라 히피 | **번역** 양승현

**1판 1쇄** 2015년 8월 17일 | **1판 3쇄** 2023년 3월 2일
**펴낸이** 김준성
**펴낸곳** 키움(경기도 파주시 회동길 325-16)
**등록** 2003. 6. 10(제18-144호) | **전화** 02-887-3271,2 | **팩스** 031-941-3273
**ISBN** 978-89-6274-369-2 | 978-89-6274-371-5(세트)

Copyright ⓒ 2015 by Kiwoom Publishing Co.
Original edition published in 2012 by Free Spirit Publishing Inc., Minneapolis, Minnesota, U.S.A., http://www.freespirit.com under the title *Dare!*
All rights reserved under International and Pan-American Copyright Conventions.

이 책의 한국어판 저작권은 Icarias Agency를 통해 Free Spirit Publishing Inc.,과 독점 계약한 도서출판 키움에 있습니다.
저작권법에 의하여 한국 내에서 보호를 받는 저작물이므로 무단전재와 복제를 금합니다.

※잘못된 상품은 구입하신 서점에서 교환하실 수 있습니다.

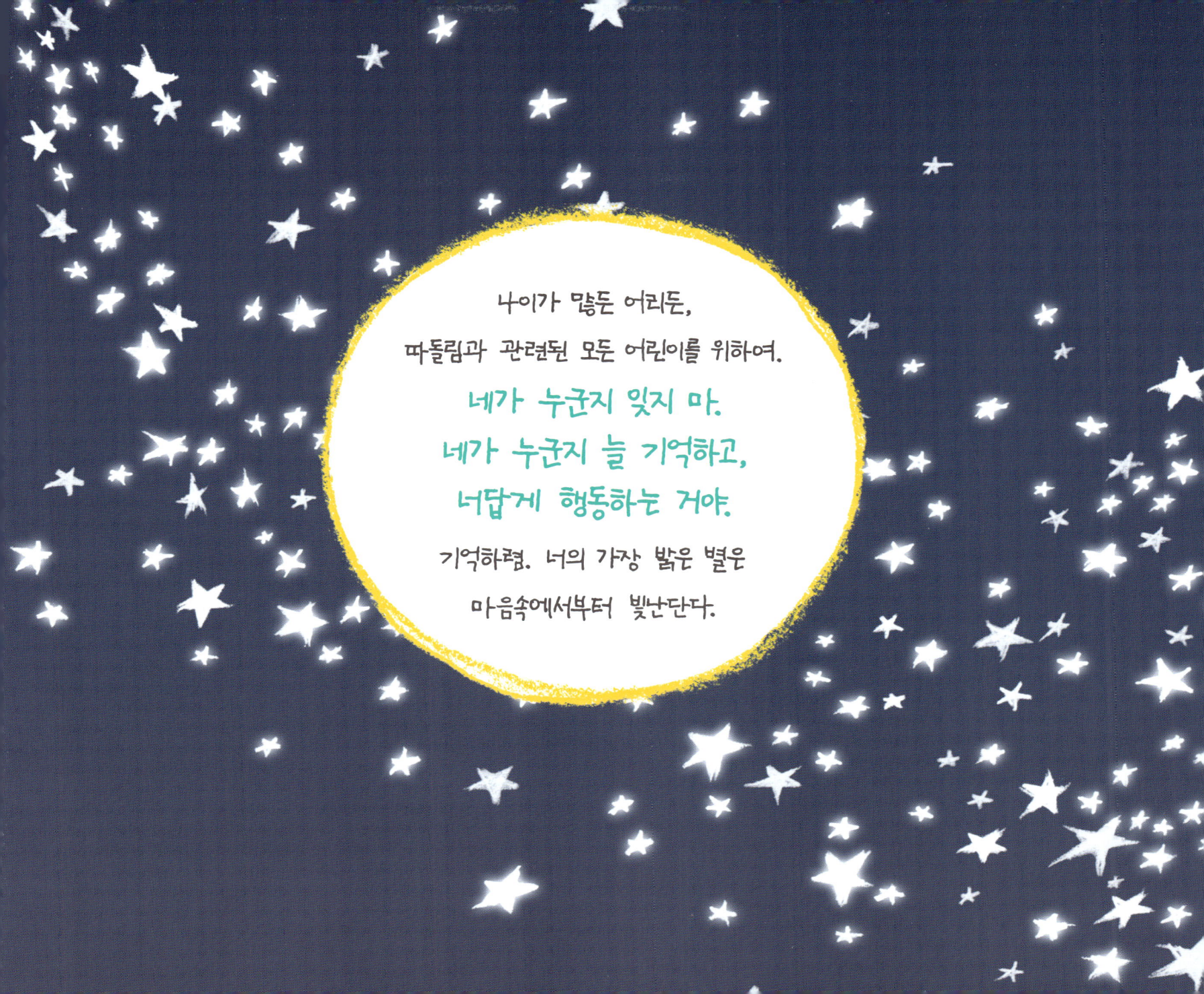

나이가 많든 어리든,
따돌림과 관련된 모든 어린이를 위하여.
네가 누군지 잊지 마.
네가 누군지 늘 기억하고,
너답게 행동하는 거야.
기억하렴. 너의 가장 밝은 별은
마음속에서부터 빛난단다.

안녕? 내 이름은 제일라야. 난 요즘 무서운 게 하나 있어.
뭐냐고? 저 여자애 보이지?
쟤 이름이 샘인데, 정말이지 너~~~무 터프해.
샘은 작년에 날 엄청 괴롭혔어.
하지만 난 한번도 맞서지 못했지.

내가 어떻게

감히!

생각만 해도 겁이 나.

내가 따돌림을 당했을 때, 아무도 내 편을 들어 주지 않았어.
하, 누가 어떻게 **감히!** 틀림없이 아이들도 겁이 났을 거야.

"으유, 저 찌질이!"

그런데 어느날부터 샘은
나 대신 루이자를 괴롭히기 시작했어.

"장화 진짜 이상하네!"

루이자는 작하고 솔직해.
늘 밝게 웃고, 자기가 좋아하는 걸 입지.

어쨌든 다행이지 뭐야?
이제 나는 따돌림당하지 않으니까 말이야.
루이자는 안됐지만, 나한테는 잘된 일이라고.

나는 이제 내 일만 신경 쓰면 되는 줄 알았어. **그런데 있지!**
샘이 날마다 나한테 루이자 얘기를 하는 게 아니겠어?

난 샘의 말에 아무 대꾸도 하지 않았어.
그런데도 왜 이렇게
기분이 안 좋은 거지?

"별무늬 한번
엄청 촌스럽네!"

맞아.
내가 따돌림당했을 때,
아무도 내 편을 들어 주지 않았어.
그때 기억이 떠오른 거야.

그때는 내가 옆에서 구경만 하는 애가 될 거라고는 생각 못 했는데!

그러던 어느 날, 샘이 다가와서 말했어.

"야, 제일라!
루이자한테 가서 지금 머리 스타일이
엄청 이상하다고 말해."

내가 보기엔 루이자 머리 스타일이 하나도 이상하지 않은데….
## 하지만 난 샘이 무서웠어.
내 생각을 솔직하게 말하면 틀림없이 날 따돌리겠지?

"루이자, 너 머리 스타일 **이상해.**"

휴….
정말이지 난 이런 사람이
되고 싶지 않았다고!

내가 뭘 할 수 있을까? 내가 무슨 말을 할 수 있을까?
겁이 나서 샘이 시키는 대로 하고는 있지만, 그럴수록 더 무섭고 혼자가 된 것 같아.

샘은 그저 나를 **이용**하고
있을 뿐인데······.

어느 날, 샘이 없을 때 루이자가 혼자 있는 걸 봤어.
그런데 루이자의 장화가 쓰레기통에 처박혀 있지 뭐야?
나는 **"미안해."** 라고 말하고 싶었어.
하지만 내가 떠올린 말은 **"만약에"** 랑 **"어쩌지?"** 뿐이었어.

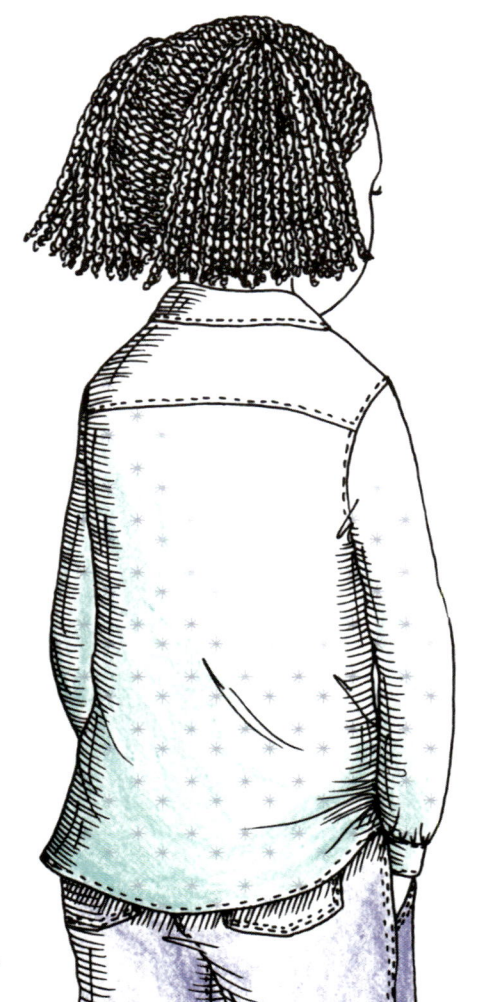

**"만약에** 내가 루이자랑 말하는 걸 샘이 보면 **어쩌지?"**

**"만약에** 샘이 나를 다시 찌질이라고 부르면 **어쩌지?"**

**"만약에** 상황이 더 나빠지면 **어쩌지?"**

그렇지만 **언제나 겁먹고 있는 것보다 더 나빠질 게 뭐람?**
내가 여태 **잃어버린** 것들은 또 어떻고!

내 스타일?
내 별들?
내 웃음?
내 자신감?
내 용기?
내 친절함?

나는 잃은 게 엄청 많아. 루이자도 마찬가지야. 이건 말도 안 돼. **불공평하다고!**

그래서 내가 생각해 낸 게 뭔지 아니?
바로 **내가 옳다고 생각한 대로 말하는 거야!**

**감히** 말이야.

"내 진짜 생각을 루이자한테 말해 보자."

샘이 알아채고 날 따돌리면 뭐라고 하지?

이제 나는 **겁나지 않아.** 준비가 됐거든.

겁이 나도 겁나지 않는 것처럼 행동했더니,
정말로 점점 겁나지 않는 거야.
진짜로!

그리고 내가 그러면 그럴수록
샘은 점점 루이자와 날
**그냥 내버려 뒀지.**

난 해낸 거야,

## 제일라의 노트

루이자를 도운 건 충분히 가치 있는 일이었어!
내가 배운 것들을 좀 알려 줄까?

+ **나**는 옳은 일에
  맞서는 내가 자랑스러워.

+ **겁**먹지 않은 것처럼 행동하니까
  루이자를 도울 용기가 생겼어.

+ **샘**이 시켜도 따돌림에
  끼지 않으니까,
  샘은 나를 자기 맘대로
  할 수 없다는 걸 깨달았어.

+ **가**만히 지켜보고
  아무것도 안 하는 것,
  사실은 그것도
  꽤 나쁜 거라고.

## 루이자의 노트

누가 나를 이상하다고 놀려도, 나 자신을 지키는 건 무척 중요해.
제일라 덕분에 깨달았지. 이것 말고도 깨달은 게 몇 가지 더 있어.

+ **내**가 따돌림당할 때, 아무도 신경 써 주지 않는 건 정말 외롭고 슬픈 일이야.
+ **괴**롭힘당하는 기분이 어떤지 누구나 상상할 수 있어.
+ **다**시 따돌림당한다면, 나는 망설이지 않고 어른들에게 도움을 구할 거야.
+ **무**슨 일이 있어도 언제나 자신을 믿어야 해.
+ **누**군가 따돌림당할 때 지켜보지만 말고, "그만둬!"라고 당당하게 말하렴.

## 샘의 노트

모두 함께 나에게 맞서면, 내가 따돌림을 계속하기 어려워.
나 자신에 대해 알게 된 게 몇 가지 있어.

+ **제**일라에게 뭔가 시키니까, 내가 꼭 힘 있는 사람처럼 느껴졌어.
+ **한**번 남에게 뭔가 시키면 계속 시키게 돼. 누가 말리거나 내가 멈추지 않으면 말이지.
+ **내** 행동이 사람들(나를 포함해서!)에게 얼마나 상처를 주는지 알자, 난 한발 물러서서 생각하게 됐어.
+ **나**는 누군가를 통제하는 걸 좋아했어. 그런데 정말 통제해야 할 건 남이 아니라 바로 내 행동이었어.
+ **다**른 사람들에게 상처 주는 것은 절대 자랑스러운 일이 아니야. 그저 잠깐 기분이 좋아지고
  내가 왕따가 아니라 어딘가 속했다는 걸 보여 주려 했을 뿐이지. (근데 그건 아무 소용없었어.)

# 제일라의 용기 클럽에 들어와!

샘은, 내가 자기를 무서워한다고 생각한 것 같아.
그러니까 자기한테 힘이 있는 것처럼 느낀 거겠지.
나는 용감해 보이기 위해 행동을 바꿔야 했어.
겁먹은 것처럼 보이는 것과 용감하게 보이는 것.
뭐가 다른지 같이 알아볼래?

누군가를 지켜 주는 건 어려운 일이지만, 안전한 방법도 많단다.
내가 루이자를 지키려고 한 몇 가지 용감한 방법을 알려 줄게.

★ 샘이 루이자를 따돌리는 일에 끼어드는 걸 거절했어.

★ 다른 아이들에게도 그냥 지켜보지만 말고 당당하게 맞서서 도와주라고 했어.

★ 무슨 일이 일어나고 있는지 부모님과 선생님에게 말했어.*

누군가를 지켜 줄 다른 방법들을 생각해 볼래?
겁먹지 말고 말이야!

### *말하기와 고자질

아무도 고자질쟁이가 되고 싶진 않아.
하지만 코를 파는 것처럼 사소한 걸
고자질하는 것과 **누군가 도움이 필요할 때**
어른에게 말하는 것은 아주 달라.
만약 네가 따돌림당하고 있다면,
너도 누군가가
**널 도와주길 바랄 거야.**
그렇지?

 기분 나쁜 건 이제 그만!

내가 따돌림당할 때도, 루이자가 따돌림당하는 걸 지켜볼 때도, 그리고 샘이 시키는 대로 할 때도 난 기분이 나빴어.
따돌림이란 온통 기분 나쁜 일이야. 따돌림에 대한 느낌을 기분 나쁘다는 것 말고 다른 말로도 표현할 수 있을 텐데.
내가 낱말들을 찾도록 도와줄래? 아래의 예를 보고 해 보렴. 구름 안에 있는 낱말은 나쁘다는 것을 대신할 다른 낱말들이야.

예 : 누군가 따돌림당하는 걸 보면, 나는 기분이 나빠.
　　　누군가 따돌림당하는 걸 보면, 나는 **걱정이 돼.**

이제 네가 해 볼래? 이런 상황에서 넌 어떤 느낌일지 나타내는 낱말들을 골라 봐.
구름 안에 있는 낱말을 골라도 되고, 네가 생각해 내도 돼.

화가 나.　　슬퍼.　　겁이 나.　　외로워.　　속상해.　　걱정이 돼.

★ 누군가 나를 이상한 눈초리로 보면, ＿＿＿＿＿＿＿＿.

★ 내가 따돌림당하는데 아무도 내 편이 되어 주지 않으면, ＿＿＿＿＿＿＿＿.

★ 따돌리지 말라고 뭔가 말하고 싶은데 아무 말도 안 나올 때면, ＿＿＿＿＿＿＿＿.

## 용기 클럽 기분 최고 시작!

따돌림을 그냥 지켜보는 대신 돕기 위해 당당히 맞섰더니 기분이 최고야. 옳은 일을 하는 건 온통 기분 좋은 일이지. 느낌 놀이를 또 해 보자. 이번에는 네가 믿는 걸 지켜 낼 때 어떤 느낌일지 나타내는 낱말들을 골라 봐.

아래의 예를 보고 해 보렴.
별 안에 있는 낱말은 좋다는 것을 대신할 다른 낱말들이야.

예 : 따돌림당하는
　　아이를 도와주면, 나는 기분이 좋아.

따돌림당하는
아이를 도와주면, 나는 **자랑스러워**.

이제 네가 해 볼래? 아래 상황에서 넌 어떤 느낌일지 나타내는 낱말들을 골라 봐.
별 안에 있는 낱말을 골라도 되고, 네가 생각해 내도 돼.

기뻐.   용감해져.   자신감이 생겨.   행복해져.   편안해져.

★ 진실을 말할 때면, _____.

★ 누군가 내 편이 되어 주면, _____.

★ 머리를 꼿꼿이 들고 겁먹지 않은 것처럼 행동하면, _____.

나쁘고 좋은 것을 나타내는 다른 낱말들을 더 알고 싶니?
친구나 선생님, 아니면 가족에게 물어 봐.
그리고 다른 사람들과 함께 느낌을 나타내는 새로운 낱말들을 찾아보렴.

#  부모, 교사, 그리고 아이들을 돌보는 어른들을 위한 지침

놀리기, 위협하기, 창피 주기, 얕잡아 보기, 비웃기, 나쁜 소문 내기, 인종 차별하기 등… 날마다 수많은 아이가 따돌림을 당하고, 더 많은 아이가 그 모습을 지켜봅니다. 특히 말로 하는 따돌림은 유치원 시절부터 시작되는데, 따돌리는 유형의 70퍼센트나 차지하지요. 이것은 신체적, 관계적, 온라인 따돌림 등 다른 형태의 공격으로 나아가는 징검다리가 되기도 합니다. 말로 하든 글로 쓰든, 상처 주는 말은 듣는 아이들의 자아 개념을 깎아 먹습니다. 두려움과 부끄러움을 느끼고 자신감을 잃게 하지요. 아이들을 돌보는 어른으로서, 우리는 어떻게 아이들이 스스로 안전하고 존중받는다고 느끼게 할까요? 어떻게 해야 아이들이 자신감을 가질까요? 또한, 따돌림을 보았을 때 어떻게 맞서게 할 수 있을까요?

친구를 따돌리는 아이에게 자신의 행동을 설명하게 하세요. 그리고 바람직한 행동을 따라 하거나 선택할 수 있게 도와주세요.
따돌림을 당하는 아이에게는 긍정적인 생각과 자신감을 갖도록 실질적인 대처 방법을 알려 주세요.
따돌림을 보고만 있는 친구들에게는 ≪내가 어떻게!≫ 같은 이야기를 통해 따돌림당하는 아이의 편에 서도록 안전하고 효율적인 방법을 알려 주세요. 아이들이 자부심을 느낄 수 있는 선택을 하게 해 주세요. 제일라 같은 아이가 따돌림에 끼는 대신 친구의 편이 되어 줄 때, 친구뿐 아니라 자기 자신을 지킬 수 있다는 걸 깨닫게 해 주세요. 아이들이 옳은 것을 따라 행동할 수 있도록 실제적인 방법들을 연구하고, 아이들의 노력을 뒷받침해 줄 믿음직한 환경을 만들어 주세요.

### ≪내가 어떻게!≫를 읽고 나서

≪내가 어떻게!≫는 비록 꾸며낸 이야기지만, 많은 아이가 처한 현실이기도 해요. 물론 실제 경험은 조금씩 다르겠지만요. 이 책을 읽고 나서, 아이들과 다음 활동들을 해 보세요. '왕따'에 대해 생각하고 이야기 나누도록 말이에요. 이 책의 등장인물과 처한 상황을 연결하면 아이들이 이해하기 더 쉽겠지요? 즉, 제일라는 따돌림의 방관자, 루이자는 따돌림의 대상, 샘은 따돌림을 일으키는 아이예요.

**중요 사항** : 스마트폰과 컴퓨터 사용이 늘어나면서, 온라인 따돌림(사이버 따돌림)은 초등학생들 사이에서 실제적인 위협이 되고 있어요. 좀처럼 눈에 띄지 않기 때문에 가장 멈추기 어려운 따돌림 유형이기도 하지요. 아이들과 따돌림에 관해 이야기를 나눌 때, 사이버 따돌림에 대해서도 반드시 함께 이야기해 보세요.

**1쪽**: 왜 제일라는 겁먹었나요?

**2~3쪽**: 왜 2쪽의 아이들은 제일라 편이 되어 주지 않았나요? 누군가 여러분을 놀리거나 비웃으면 기분이 어떤가요?

**4~5쪽**: 왜 샘은 제일라 대신 루이자를 따돌리기 시작했나요? 다른 아이들은 왜 따돌렸을까요?

**6~9쪽**: 샘이 루이자를 따돌렸을 때 제일라는 왜 루이자의 편을 들어 주지 않았나요? 다른 등장인물들은 무얼 하고 있었나요? 왜 제일라는 기분이 안 좋았을까요? 여러분은 누군가 따돌림당할 때 그 아이 편이 되어 준 적이 있나요? 그 아이의 편을 들어 주거나 다른 사람에게 말하지 못한 이유는 무엇인가요? 말하는 것과 고자질하는 것의 차이는 무엇인가요? (34쪽의 동그라미 안을 보세요.)

**10~15쪽**: 샘은 제일라에게 무엇을 시켰나요? 그것에 대해 제일라는 어떻게 느꼈나요? 제일라는 '샘은, 내가 자길 무서워하는 걸 아는 걸까?' 하고 생각했어요. 그게 왜 중요할까요?

**16~19쪽**: 제일라는 왜 루이자에게 사과했나요? 곰곰이 생각한 뒤 제일라는 무엇을 깨달았나요? 따돌림이 있을 때, 아이들을 돌보는 어른들과 반 친구들이 왜 중요한가요? '지킴이'가 되는 건 무슨 의미일까요?(지킴이란, 누군가 따돌림당하거나 괴롭힘을 당할 때 구경꾼이 아니라 편들어 주고 지켜 주는 사람을 말해요. 구경꾼은 앞장서서 따돌린 사람은 아니더라도 어쨌든 따돌림에 참가한 사람이지요.)

**20~23쪽**: 제일라는 루이자의 장화를 어떻게 했나요? 그때 루이자는 어떤 기분이 들었을까요? 제일라는 더 용감해지려고 어떻게 했나요?

**24~27쪽**: 제일라 혼자만 루이자 편이 되어 주었나요? 이제 제일라는 무엇이 달라졌나요? 루이자는요? 그리고 샘은요?

**28~31쪽**: 제일라는 무엇을 알아냈나요?

**전체적으로**: ≪내가 어떻게!≫에 나온 등장인물 가운데 나와 가장 닮은 사람은 누구인가요? 왜 그런가요? 그 등장인물에게 하고 싶은 말이 있다면 무엇인가요?

 **〈참 이상하다〉 시리즈**

〈참 이상하다〉 시리즈는 아이들이 따돌림에 대한 세 가지 관점을 탐험해 볼 수 있게 합니다. 즉 《내가 이상해?》에서는 따돌림의 대상이 된 아이, 《내가 어떻게!》에서는 따돌림을 지켜보는 아이, 《난 터프해!》에서는 따돌림을 하는 아이의 관점이지요. 아이들이 따돌림에 대해 생각하고 토론할 수 있도록 각 책을 활용해 보세요.

### 시리즈 활동 "나는 지킬 테야!" 그리기

누군가의 편이 되어 주는 것은, 곧 우리가 옳다고 믿는 것을 지키는 거예요. 왜 그런지 아이들과 이야기해 보세요. 제일라가 루이자에게 장화를 주면서 자신의 친절함을 지키는 것처럼, 세 권의 책에 나오는 인물들이 자기가 믿는 것을 지키는 예를 찾아보아요. 아이들에게 "지키는" 장면을 그림으로 그리고, 그림 위에 등장인물이 지킨 것을 나타내는 낱말을 써 보게 하세요. 그런 다음 각자의 그림을 반 아이들에게 보여 주고, "내 이름은 _____(이)고, 나는 _____을/를 지킬 테야."라고 말하면서 자기가 무엇을 지키는지 말해 보아요.

### 시리즈 활동 무언극 하기

세 권의 책에서 기억나는 장면들로 무언극을 해 보아요. 보는 사람들은 어느 책의 어느 장면인지 맞혀 보아요.

### 시리즈 활동 수호천사 별자리

세 책의 등장인물들이 어떻게 다른 사람을 배려하는 선택을 하는지 이야기 나누어 보아요. 우리 모두 별처럼 밝게 빛날 수 있고 남을 배려하는 걸 보여 줄 수 있어요. 그걸 마음에 새기도록 '수호 천사 별자리'를 그려 보세요.
커다란 별, 하트, 물방울무늬를 몇 개씩 그린 다음, 남을 배려하는 낱말이나 문장을 쓰고 그림을 그려요. 예를 들면 "나는 변화를 일으킬 수 있어요", "나는 좋은 친구가 될 수 있어요.", "누구나 친절한 대접을 받을 자격이 있어요." 등이죠. 별, 하트, 물방울무늬를 오린 다음 칠판이나 게시판에 붙여서 '수호천사 별자리'를 만들어 보세요. 아니면 모양들로 모빌을 만들어서 집이나 교실에 매달아 두어도 좋답니다.

### 시리즈 활동 다음엔 무슨 일이?

《내가 이상해?》, 《내가 어떻게!》, 《난 터프해》……. 다음엔 무슨 일이 생길까요? 다음 책에는 등장인물들에게 어떤 일이 일어날지 상상해 보아요. 주요 등장인물인 루이자, 제일라, 샘뿐 아니라 주변 인물인 에밀리, 토마스, 페트릭, 윌, 선생님, 샘의 오빠 알렉스도 모두 상상해 보세요. 그리고 각자의 책에 제목을 붙이고 이야기의 장면들을 그려 발표해 보아요.

# 작가와 화가에 대하여

작가 **에린 프랭클**은 영어 교육으로 석사 학위를 받았고, 가르치는 것과 글 쓰는 것을 무척 좋아해요. 알라바마에서 ESL(English as a Second Lanuage : 영어가 모국어가 아닌 아이들에게 영어를 가르치는 반) 아이들을 가르치다가, 남편 알바로와 세 딸(가브리엘라, 소피아, 켈시)과 함께 스페인의 마드리드로 이주했어요. 선생님은 따돌림당하는 게 어떤 기분인지 겪어 봐서 알기 때문에, 따돌림과 관련된 아이들에게 웃음을 되찾아 주고 싶어서 이야기를 썼어요. 선생님과, 선생님의 오랜 친구이자 화가인 파울라는, 모든 어린이는 안전하고 사랑받는다고 느끼며 자신감을 가져야 한다고 믿어요. 선생님은 틈날 때마다 강아지 벨리와 함께 산에 오르는 걸 좋아해요. 또한, 선생님의 고향인 뉴 저지의 메이스 랜딩에서 카약을 타는 것도 무척 좋아하지요.

화가 **파울라 히피**는 패션업계에서 패턴 디자이너로 일하고 있어요. 후후 불어서 만드는 유리 공예부터 신발 제작에 이르기까지 다양한 분야의 예술을 다 좋아하지만, 가장 좋아하는 건 그림 그리기랍니다. 선생님은 친구인 작가 에린이 어릴 적 따돌림당했던 이야기를 쓴 글을 보고 그림을 그리게 되었어요. 루이자의 모습을 종이에 옮기면서, 선생님은 인생의 진로가 결정되는 느낌이었지요. 뉴욕의 브루클린에 사는 선생님은 어린이들의 마음을 환히 밝혀 줄 작품을 그리고 싶답니다.

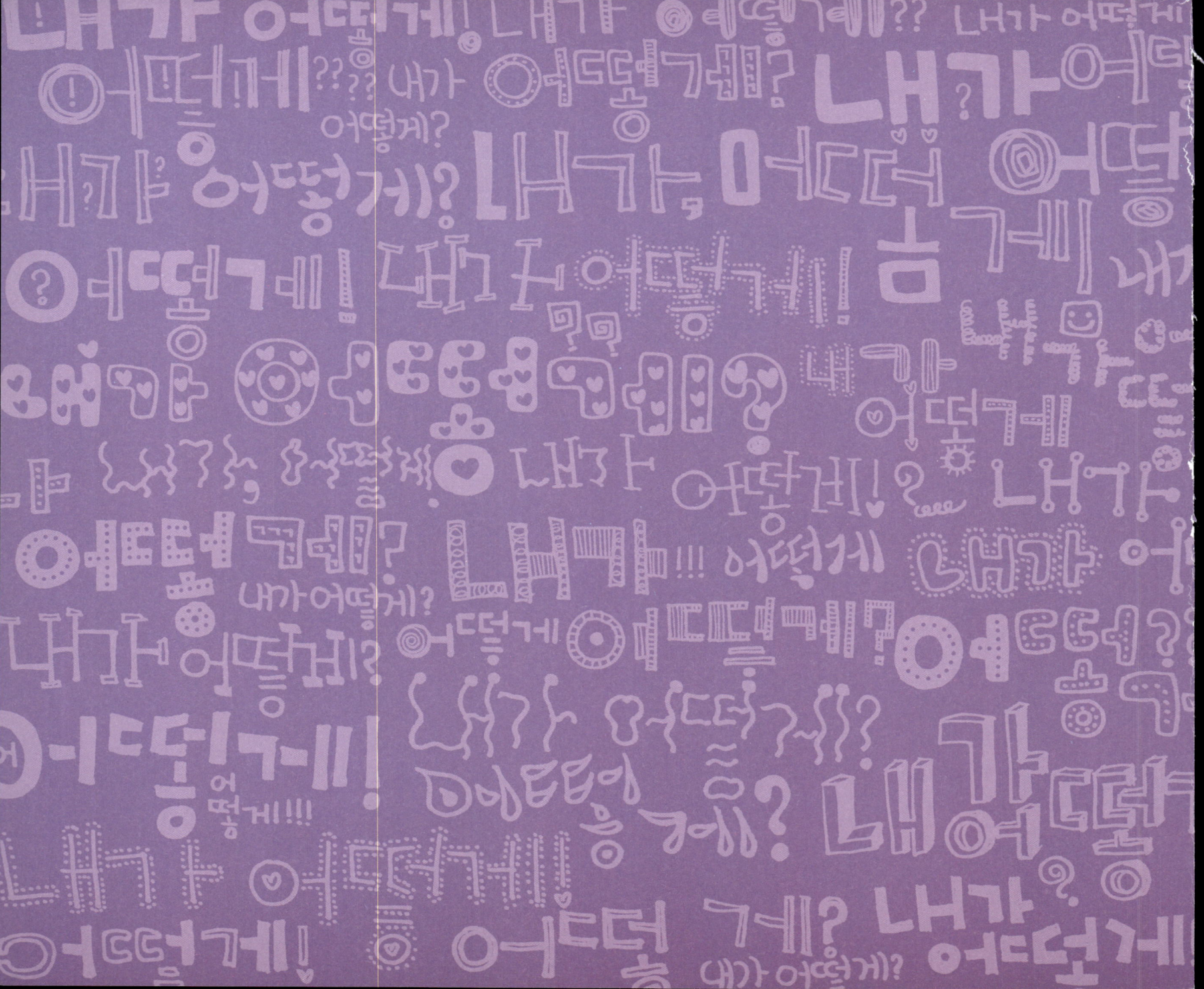